LONG WORKING TIME BRINGS WHAT DISADVANTAGES TO ORGANIZATIONS

JOHN LOK

Copyright © John Lok
All Rights Reserved.

This book has been published with all efforts taken to make the material error-free after the consent of the author. However, the author and the publisher do not assume and hereby disclaim any liability to any party for any loss, damage, or disruption caused by errors or omissions, whether such errors or omissions result from negligence, accident, or any other cause.

While every effort has been made to avoid any mistake or omission, this publication is being sold on the condition and understanding that neither the author nor the publishers or printers would be liable in any manner to any person by reason of any mistake or omission in this publication or for any action taken or omitted to be taken or advice rendered or accepted on the basis of this work. For any defect in printing or binding the publishers will be liable only to replace the defective copy by another copy of this work then available.

Contents

Preface

परिचय

मैं इस पुस्तक को लिखता हूं कि क्या श्रमिक असामान्य लंबे समय तक काम के घंटे कारक हैं जो समाज के आर्थिक विकास को प्रभावित कर सकते हैं और लंबे समय में उत्पादकता बढ़ा सकते हैं। मैं इस विषय पर शोध करने का चुनाव क्यों करूं? क्योंकि मैंने पाया कि कई नियोक्ताओं को काम के घंटे बढ़ाने के लिए श्रमिकों की आवश्यकता होती है, जैसे कि चीन, हांगकांग आदि विकासशील देश। हालांकि, उन्हें लगता है कि इस पद्धति से उन्हें उत्पादकता के लक्ष्य को प्राप्त करने में सहायता करने के लिए अतिरिक्त पूर्णकालिक श्रमिकों को नियोजित करने के लिए वेतन या मजदूरी व्यय को कम करने में मदद मिलेगी। लेकिन वास्तव में, वे अन्य नुकसानों पर विचार करने की उपेक्षा करते हैं जिससे उनके मजदूरों को थकान और अनुचित व्यवहार महसूस होता है और उनके जीवन का मानक कम हो जाता है, उनके मजदूरों के कारण वेतन या मजदूरी में बहुत अधिक वृद्धि नहीं होगी और जिन्हें प्रति काम करने के लिए बहुत लंबे समय तक काम करने की भी आवश्यकता होती है दनि। इसलिए, मैं यह साबित करने के लिए सबूतों का संकेत दूंगा कि क्यों असामान्य काम के घंटे की विधि केवल अल्पावधि में उत्पादकता बढ़ा सकती है, लेकिन यह विधि लंबी अवधि में उत्पादकता नहीं बढ़ा सकती है और यह समग्र समाज की आर्थिक गिरावट को भी प्रभावित कर सकती है और यह मजदूरों के मानक को भी प्रभावित कर सकती है। जीवन का गरीब होना। फाइनल में, मैं यह भी सिफारिश करूंगा कि कैसे नियोक्ता, जैसे कि हांगकांग और चीन के नियोक्ता लंबी अवधि में अपनी उत्पादकता बढ़ाने के लिए अपने तरीकों को कैसे बदलों। यह पुस्तक किसी भी नियोक्ता को पढ़ने के लिए उपयुक्त है जब लंबी अवधि में अपने श्रमिकों की उत्पादकता बढ़ाने के बारे में जानने के लिए रुचि रखते हैं।

Prologue

वकिासशील देश असामान्य रूप से लंबे समय तक काम करते हैं घंटे कारक कैसे प्रभावति करता है लंबे समय तक कम उत्पादकता दक्षता

यह शोध हांगकांग के नियोकिताओं के बारे में है जन्हिे असामान्य लंबे समय तक काम करने के लिए श्रमकिों की आवश्यकता होती है, चाहे वे समय आर्थकि वकिास को उत्पादकता उत्पादकता बढ़ा सकों।

इसका परणिम यह होता है के मजदूर असामान्य रूप से लंबे समय तक काम करते हैं जो हांगकांग के आर्थकि वकिास को नहीं बढ़ा सकते हैं या जो लंबे समय में हांगकांग के आर्थकि वकिास को बढ़ा सकते हैं आम तौर पर, हांगकांग के उत्पादकता बढ़ाने में मदद करने के लिए असामान्य कामकाजी घंटों में काम करने के लिए कई अतरिकि्त मजदूरों की आवश्यकता के लिए कम वेतन व्यय का भुगतान करना चुनते हैं, लेकनि जो इस बात से चतिति नहीं हैं कि लंबे समय तक काम करने वाला कारक वर्तमान श्रमकिों के लिए अस्वस्थता को प्रभावति करेगा, जनिकी आवश्यकता है लंबे समय तक लंबे समय तक काम करना असामान्य रूप से लंबे समय तक काम करता है और ऐसा लगता है कि उनके कर्मचारी

लंबे समय में उत्पादकता और अक्षमता को कम कर देंगे।

हालांकि, यह संभव है कि हांगकांग के नियोक्ताओं की उत्पादकता बढ़ाने के लिए काम करने के लिए एचके मजदूरों को अतिरिक्त असामान्य काम के घंटे बढ़ाए जा सकते हैं और एचके सामाजिक अर्थव्यवस्था को अल्पावधि में विकसित किया जाएगा, लेकिन यह भी संभव है कि यह हांगकांग को नहीं बढ़ा सकता है। लंबे समय में उत्पादकता में गिरावट और अक्षमता के कारण उनके अस्वस्थ या बीमार बढ़ने के कारण आर्थिक विकास। इस प्रकार, मुझे यह विश्लेषण करने के लिए सबूत मिलेंगे कि क्या हांगकांग के मजदूरों को असामान्य रूप से लंबे समय तक काम करने की जरूरत है। अन्यथा, कौन हांगकांग के आर्थिक विकास को कम करेगा और लंबे समय में उत्पादकता और अक्षमता को कम करेगा और साथ ही मैं यह इंगित करने के लिए सुझाव दूंगा कि क्या या तो वर्तमान कर्मचारी असामान्य रूप से लंबे समय तक काम करते हैं या नियोक्ता को वर्तमान सहायता के लिए अधिक अतिरिक्त अंशकालिक श्रमिकों को नियुक्त करना चाहिए। श्रमिकों को अपनी उत्पादकता बढ़ाने के लिए यह तय करने के लिए कि एचके आर्थिक विकास और लंबे समय में कुशल उत्पादकता बढ़ाने के लिए सबसे अच्छा विकल्प कौन सा है।

1.1 असामान्य कामकाजी घंटे क्या हैं आर्थिक समस्या

काम के समय में कमी के हांगकांग रोजगार पर प्रभाव की भविष्यवाणी करना मुश्किल पाया गया है। काम के समय में कमी के रोजगार पर प्रभाव के हांगकांग मैक्रोइकॉनॉमिक सिमुलेशन के परिणाम कुछ बुनियादी मान्यताओं पर बहुत अधिक निर्भर करते हैं, जैसे कि लोग वास्तव में कितने घंटे काम करेंगे या उत्पादकता और वेतन स्तर कैसे विकसित होंगे। क्या एचके असामान्य काम के घंटे एचके सामाजिक आर्थिक विकास या लंबी अवधि में आर्थिक गिरावट में सहायता करेंगे। इसका कारण हांगकांग के मजदूर हैं जिन्हें असामान्य रूप से लंबे समय तक काम करने की आवश्यकता होती है। वास्तव में, यह कारण नहीं है कि हांगकांग के उच्च कुशल श्रमिक बाजार में कुछ व्यवसायों की प्रकृति के लिए आपूर्ति की कमी है, उदा। अस्पताल के डॉक्टर और

नर्स, विश्वविद्यालय के शिक्षक, कानूनी फर्म के वकील आदि पेशेवर व्यवसाय। एचके के पास कई उच्च योग्यता वाले विश्वविद्यालय के छात्र स्नातक हैं, इसमें हर साल उच्च श्रम बाजार में पर्याप्त श्रम आपूर्ति होती है। इसका कारण यह है कि नियोक्ता वर्तमान श्रमिकों के कार्यभार को साझा करने के लिए अतिरिक्त श्रमिकों को नियुक्त करने के लिए अधिक वेतन खर्च करना पसंद नहीं करते हैं, जैसे कि कम कुशल और मेहनती मजदूर, जैसे कि क्लीनर, प्रतिभूतियां, वेटर और उच्च कुशल पेशेवर, जैसे अस्पताल के डॉक्टर और नर्स, विश्वविद्यालय के शिक्षक, वकील आदि। हालांकि, कम और उच्च कुशल श्रम बाजार हांगकांग में पर्याप्त आपूर्ति हो सकती है, लेकिन हांगकांग के नियोक्ताओं को वर्तमान उच्च और निम्न दोनों कुशल श्रमिकों की आवश्यकता होती है, जन्हिं 10 से 12 घंटे या उससे अधिक काम करने की आवश्यकता होती है। प्रति कार्य दिवस आमतौर पर। यह संभव है कि एचके उच्च और निम्न शैक्षिक मजदूर अस्वस्थ और पर्याप्त नींद की कमी के कारण होंगे यदि उन्हें अभी भी लंबे समय तक असामान्य काम करने की आवश्यकता है। हालांकि, कम समय में उत्पादकता और दक्षता को कौन बढ़ा सकता है, लेकिन यह संभव है कि लंबे समय में उत्पादकता और अक्षमता को कौन नहीं बढ़ा सकता है। इसके अलावा, यह कई युवा या मध्यम या बूढ़ों को उच्च शैक्षिक या कम शैक्षिक जानकार मेहनती श्रमिकों का कारण बनेगा, जो प्रदान की गई कई नौकरियों को खो देंगे और जन्हिं एचके श्रम रोजगार बाजार में कोई भी नौकरी ढूंढना मुश्किल होगा यदि एचके नियोक्ता अतिरिक्त भुगतान नहीं करना चुनते हैं। उच्च और निम्न वेतन वाले व्यवसायों में वर्तमान श्रमिकों के कार्यभार को साझा करने के लिए अतिरिक्त पूर्णकालिक श्रमिकों को नियोजित करने के लिए वेतन, क्योंकि वे रोजगार व्यय को कम करने और उत्पादकता बढ़ाने के लिए वर्तमान श्रमिकों के लिए असामान्य अतिरिक्त अतिरिक्त काम के घंटे बढ़ाने का विकल्प चुनते हैं। इसलिए, एचके को प्रभावित करना संभव है सामाजिक अर्थव्यवस्था धीरे-धीरे बढ़ती है, यहां तक कि इसकी अर्थव्यवस्था भी लंबे समय में गंभीरता से नीचे जा सकती है।

परिकल्पना परीक्षण और डेटा विश्लेषण

मैं यह मान लूंगा कि प्रत्येक श्रमिक का कार्य वेतन या वेतन नहीं बढ़ाया जा सकता है, यहां तक कि घटाया भी जा सकता है और जिनके सामान्य काम के घंटे सामान्य रूप से असामान्य रूप से बढ़ाए जा सकते हों इसका मतलब यह है कि हांगकांग के व्यक्तिगत कार्यकर्ता की आय कम हो जाएगी और सामान्य उत्पादकता वृद्धि आम तौर पर प्रभावित नहीं होती है, क्योंकि एचके के नियोक्ताओं को दैनिक उत्पादकता बढ़ाने के प्रयास के लिए असामान्य अतिरिक्त काम करने के लिए वर्तमान श्रमिकों की आवश्यकता होती है, लेकिन उनके वेतन या वेतन में अधिक वृद्धि नहीं हुई है. हालांकि, एचके नियोक्ताओं को समान मात्रा में काम पूरा करने के लिए कई श्रमिकों की आवश्यकता होती है, यहां तक कि जो अपनी कंपनियों में दीर्घकालिक उत्पादकता बढ़ाने के लिए मौजूदा श्रमिकों की सहायता के लिए अतिरिक्त श्रमिकों को नियुक्त करना पसंद नहीं करते हों इन असामान्य कामकाजी घंटों के मजदूरों को अनुचित व्यवहार का अनुभव होगा, क्योंकि उन्हें असामान्य काम के घंटे काम करने की आवश्यकता है, लेकिन उनके वेतन या वेतन में वृद्धि नहीं हुई हो

मेरी परिकल्पना का पहला परिदृश्य इस बारे में है कि एचके श्रम रोजगार बाजार का सामान्य वेतन या वेतन बढ़े हुए अतिरिक्त असामान्य कार्य समय (घंटे) के सामान्य अनुपात में नहीं बढ़ाया गया हो फिर, एचके मजदूरों के बाजार में, श्रमिकों की संख्या के कारण आपूर्ति नौकरियों की आपूर्ति से अधिक है क्योंकि एचके नियोक्ता अतिरिक्त श्रम को नियोजित करने के लिए अधिक वेतन या मजदूरी व्यय का भुगतान करना पसंद नहीं करते हैं, लेकिन वे अतिरिक्त असामान्य काम के घंटों को वर्तमान तक बढ़ाना पसंद करते हों श्रमिकों को उत्पादकता प्राप्त करने का लक्ष्य। तो यह पर्याप्त योग्यता वाले या कम योग्यता वाले कई एचके नौकरी चाहने वालों को आसानी से कोई नौकरी नहीं मिलेगी, तो एचके बेरोजगार लोगों की संख्या में वृद्धि होगी और उनकी घरेलू आय में कमी आएगी क्योंकि कई एचके परिवार पसंद नहीं करते हैं आसानी से खर्च करों परिणाम एचके पर नकारात्मक प्रभाव डालेगा, सामाजिक निजी खपत कम हो जाएगी और

व्यवसाययियों की आय भी कम हो जाएगी। तो, एचके लोगों की निजी खपत घटने से एचके अर्थव्यवस्था की वृद्धि धीमी हो जाएगी, यहां तक कि यह लंबे समय में एचके अर्थव्यवस्था में गिरावट का कारण बनेगी।

मेरी परिकल्पना के दूसरे परिदृश्य में यह है कि हांगकांग के श्रमिकों को असामान्य अतिरिक्त काम के घंटों की गणना द्वारा बढ़ते अतिरिक्त असामान्य कार्य समय (घंटे) के लिए पूरी तरह से मुआवजा दिया जाता है, हालांकि, हांगकांग की कंपनियों की उत्पादकता बढ़ाई जाएगी, लेकिन यह इस हद तक नहीं है कि यह हांगकांग के उद्यमों को उनकी बढ़ी हुई मजदूरी या वेतन लागत के लिए मुआवजा दे। वास्तव में, हांगकांग के उद्यम, उनकी लागत ग्राहकों को दी जाती है, इससे हांगकांग की आर्थिक वृद्धि का अंतरराष्ट्रीय प्रतिस्पर्धा पर प्रभाव पड़ता है जिससे आर्थिक गिरावट संभव हो सकती है जब इन उद्यमों को अपने वेतन को संतुलित करने के लिए अपने उत्पादों की बिक्री मूल्य बढ़ाने की आवश्यकता होती है या अपने आयात प्रतिस्पर्धियों को जीतने के लिए मजदूरी लागत बढ़ाना। एक अन्य प्रभाव यह है कि हांगकांग व्यक्तिगत श्रम की आय में कमी आती है, जिसका अर्थ है कि हांगकांग की निजी खपत भी इस परिदृश्य में एचके आर्थिक विकास को गंभीरता से प्रभावित करने के लिए गिरती है। इस प्रकार, एच.के. आर्थिक विकास की समस्या का कारण होगा, इन कारकों के कारण हांगकांग सामाजिक घरेलू निजी खपत में गिरावट आई है। नतीजतन, यह कई एचके नियोक्ताओं को हांगकांग की उत्पादकता बढ़ाने की उम्मीद करेगा और वे हांगकांग के श्रमिकों की कुल मात्रा को वास्तव में काम के घंटे बढ़ा देंगे, जैसे कि सामान्य कामकाजी समय (घंटे) में 8 या 9 घंटे से वृद्धि हुई हो। प्रति सामान्य कार्य दिवस 10 या 11 या 12 घंटे, वर्तमान श्रमिकों के लिए प्रति कार्य दिवस और भी अधिक असामान्य घंटे। लेकिन वे पूर्णकालिक अतिरिक्त श्रमिकों को नियोजित करने के लिए अधिक वेतन या मजदूरी व्यय खर्च करना पसंद नहीं करते हैं, वर्तमान श्रमिकों को अतिरिक्त असामान्य काम के घंटे बढ़ाने के बजाय, बढ़ाने की उत्पादकता प्राप्त करने के लिए, लागत में वृद्धि होगी यदि वे अतिरिक्त पूर्णकालिक नियोजित करना चुनते हैं श्रमिक यदि वे उत्पादकता बढ़ाना

चाहते हो। हालांकि, मुझे लगता है कि वे अल्पावधि में उत्पादकता बढ़ाएंगे, लेकिन वे लंबी अवधि में उत्पादकता नहीं बढ़ाएंगे, जब वे अपने वर्तमान मजदूरों को प्रति कार्य दविस असामान्य काम के घंटे बढ़ाने का विकल्प चुनते हो।

एचके श्रम बाजार के असामान्य लंबे समय तक काम करने के घंटों के कारक के बीच संबंधों के संबंध में धारणा बनाई जाएगी और क्या यह इस शोध आर्थिक समस्या के लिए लंबे समय तक हांगकांग आर्थिक विकास को प्रभावित कर सकता हो। उदाहरण के लिए, हांगकांग के श्रमिक वास्तव में कितने घंटे काम करेंगे या कितने श्रमिकों के पास कुशल उत्पादकता और दक्षता है और हांगकांग रोजगार बाजार में काम करने के समय (घंटों) में वृद्धि के परिणामस्वरूप कितना वेतन या मजदूरी प्रभावित होगी।
मैं हांगकांग के श्रम बाजार में अंतर्जात विकास सिद्धांत लागू करूंगा। जैसा कि यह सिद्धांत इंगित करता है कि इस मॉडल ने मानव पूंजी की एक नई अवधारणा को भी शामिल किया, जिसकी पूंजी वापसी की दरों में वृद्धि कर रही हो। इस क्षेत्र में किए गए शोध ने एचके आर्थिक विकास को प्रभावित करने के लिए मानव पूंजी (जैसे शिक्षा) या तकनीकी परिवर्तन (जैसे नवाचार) को बढ़ाने पर ध्यान केंद्रित किया हो। मैक्रो आर्थिक वातावरण में, यह इंगित करता है कि आर्थिक विकास का अर्थ है समय के साथ देश की अर्थव्यवस्था द्वारा उत्पादित उत्पादों और सेवाओं के बाजार मूल्य में वृद्धि। इस पारंपरिक रूप से वास्तविक विकास घरेलू उत्पाद या वास्तविक सकल घरेलू उत्पाद में वृद्धि की प्रतिशत दर के रूप में मापा जाता हो। जनसंख्या से सकल घरेलू उत्पाद के अनुपात में वृद्धि (प्रति व्यक्ति सकल घरेलू उत्पाद, प्रति व्यक्ति आय)। इस प्रकार, इनपुट के अधिक कुशल उपयोग के कारण वृद्धि में वृद्धि को गहन विकास कहा जाता हो। सकल घरेलू उत्पाद में वृद्धि के कारण ही पूंजी, जनसंख्या या क्षेत्र में वृद्धि होती है जिसे व्यापक विकास कहा जाता हो। इस प्रकार, अर्थव्यवस्था विकास सिद्धांत में, आमतौर पर संभावित उत्पादन से विकास को संदर्भित करता है, यानी उत्पादन पूर्ण रोजगार पर हो। हालांकि, अन्य विकसित या विकासशील देशों की तुलना में एचके

बेरोजगारी अनुपात अभी भी अधिक है, हालांकि श्रमिकों की आपूर्ति एचके रोजगार बाजार के लिए पर्याप्त है।

काम करने का समय उस समय की अवधि है जो एक व्यक्ति भुगतान किए गए व्यवसाय श्रम पर खर्च करता है। कई देश कानून द्वारा कार्य सप्ताह को विनियमित करते हैं, जैसे न्यूनतम दैनिक आराम अवधि, वार्षिक अवकाश और प्रति सप्ताह अधिकतम कार्य घंटे। स्थान, सांस्कृतिक, जीवन शैली पसंद और व्यक्ति की आजीविका की लाभप्रदता के आधार पर काम करने का समय एक व्यक्ति से दूसरे व्यक्ति में भिन्न हो सकता है।

आम तौर पर, हांगकांग के अधिकांश नियोक्ताओं को असामान्य रूप से लंबे समय तक काम करने वाले श्रमिकों की आवश्यकता होती है। उदाहरण के लिए, कम शैक्षणिक कर्मचारियों, जैसे कि श्रमिकों के सुरक्षा व्यवसायों को प्रति कार्य दिवस बारह घंटे या उससे अधिक काम करने की आवश्यकता होती है, रेस्तरां वेटर और डिश क्लीनर को भी प्रति कार्य दिवस दस से बारह घंटे या उससे अधिक काम करने की आवश्यकता होती है, बैंक काउंटर कैशियर या ऑडिट फर्म कर्मचारियों को भी प्रति कार्य दिवस में 10 से 12 घंटे या उससे अधिक समय तक काम करने की आवश्यकता होती है और जिनके पास आमतौर पर समय के साथ वेतन भुगतान के लिए कोई अतिरिक्त वेतन नहीं होता है। मानक काम के घंटे या सामान्य काम के घंटे कानून को प्रति दिन, प्रति सप्ताह, प्रति माह या प्रति बर्ष काम के घंटों को सीमित करने के लिए संदर्भित करते हैं। यदि किसी कर्मचारी को ओवरटाइम काम करने की आवश्यकता है, तो नियोक्ता को कानून में आवश्यक कर्मचारियों को ओवरटाइम भुगतान करने की आवश्यकता होगी। आम तौर पर, मानक काम के घंटे प्रति देश में प्रति सप्ताह लगभग 40 से 44 घंटे होते हैं (लेकिन हर जगह नहीं: जैसे कि फ्रांस के नियोक्ताओं को प्रति सप्ताह 35 घंटे से मजदूरों के काम की आवश्यकता होती है, उत्तर कोरिया के नियोक्ताओं को प्रति सप्ताह 112 घंटे तक मजदूरों की आवश्यकता होती है)। अधिकतम कार्य घंटे का अर्थ है कि कर्मचारी अधिकतम कार्य घंटों के कानून में निर्दिष्ट

स्तर से अधिक काम नहीं कर सकता है। ऐसा लगता है कि हांगकांग के कई नियोक्ताओं को अन्य विकसित देशों की तुलना में प्रति सप्ताह मानक काम के घंटे से ऊपर काम करने के लिए मजदूरों की आवश्यकता थी, उदा। अमेरिका, फ्रांस, इंग्लैंड, न्यूजीलैंड आदि विकसित देश।

20वीं शताब्दी में, काम के घंटों में लगभग आधे की गिरावट आई है, ज्यादातर बढ़ती मजदूरी के कारण कानून मानवाधिकारों की सहायक भूमिका के साथ नए सिरे से आर्थिक विकास लाया जाता है। यूरोप में गिरावट की गिनती तेजी से हुई: उदाहरण के लिए, फ्रांस ने 2000 वर्ष में 35 घंटे का कार्य सप्ताह अपनाया। 1995 में, चीन ने शनिवार को आधे दिन के काम को खत्म करते हुए 40 घंटे का सप्ताह अपनाया। प्रौद्योगिकी ने भी श्रमिकों की उत्पादकता में सुधार करना जारी रखा है, जिससे जीवन स्तर में वृद्धि हुई है क्योंकि घंटों में गिरावट आई है। विकसित अर्थव्यवस्थाओं में, जैसे-जैसे उत्पादों के निर्माण के लिए आवश्यक समय में कमी आई है, सेवाएं प्रदान करने के लिए काम के अधिक घंटे उपलब्ध हो गए हैं। वास्तव में, एक तरफ, हांगकांग विनिर्माण उद्योग में गिरावट आई है, जैसे कपड़े, जूते, खिलौना आदि विनिर्माण उद्योग। दूसरी ओर, इसके सेवा उद्योग को प्रतिदिन श्रम बाजार में आपूर्ति किरने के लिए कई मजदूरों की आवश्यकता होती है, उदा। बैंकिंग, लेखा, रेस्तरां, सुरक्षा आदि सेवा क्षेत्र। हांगकांग के कामकाजी समय में कमी को विभिन्न तरीकों से पूरा किया जा सकता है, और यह कि किसी प्रकार के माप का उपयोग किया जाता है, इसके आधार पर हांगकांग उद्यम की उत्पादन लागत अलग-अलग तरीकों से प्रभावित होगी। आमतौर पर हांगकांग के नियोक्ता उन लोगों से पूछ सकते हैं जो पहले से ही अधिक ओवरटाइम करने के लिए कार्यरत हैं या जिनके काम के घंटे बढ़ाने के लिए अंशकालिक श्रमिकों की आवश्यकता होगी, विशिष्ट रूप से अपने ग्राहकों को उच्च बिक्री मूल्य चार्ज करने के लिए उनसे वेतन व्यय पारित करेंगे। फिर, जो मुद्रास्फीति की दर को बढ़ाएगा और विदेशी प्रतिस्पर्धियों के उत्पाद आयात को जीतने के लिए प्रतिस्पर्धात्मकता को कमजोर करेगा।

मैं इस शोध समस्या की जांच के लिए इन विधियों का उपयोग करूंगा, उदा। सांख्यिकीय विश्लेषण और आर्थिक अवधारणाएं, जैसे जीडीपी, आर्थिक विकास और श्रम भागीदारी दर। शोध करने का लक्ष्य है कि क्या एचके असामान्य लंबे समय तक काम करने के घंटे उत्पादकता बढ़ा सकते हैं और लंबी अवधि में एचके आर्थिक विकास को प्रभावित कर सकते हैं। हांगकांग के उद्यमों की उत्पादकता के संबंध में, मेरे शोध पर चर्चा की जाएगी कि कौन से कारक उत्पादकता में वृद्धि या कमी का कारण बन सकते हैं और मैं यह निष्कर्ष निकालूंगा कि किन प्रभावों का आकलन करना बहुत मुश्किल है क्योंकि स्थितियां अलग-अलग हैं और यह अलग-अलग सेवा के भीतर संबंधित होगी। उद्योग क्षेत्र, उदा। होटल, बैंक, रेस्तरां, सुरक्षा, पेशेवर सेवा आदि सेवा व्यवसाय। संख्या के ये सेवा श्रमिक आजकल हांगकांग में संख्या के निर्माण श्रमिकों से अधिक हैं। काम के समय में कमी के हांगकांग रोजगार पर प्रभाव के लिए महत्वपूर्ण महत्व यह है कि मजदूरी या वेतन को किस हद तक अपनाया जाता है। यदि व्यवसायों में मजदूरों की कमी थी, तो हांगकांग के नियोक्ताओं को लंबे समय तक काम करने वाले मजदूरों के लिए उच्च वेतन के दावों में योगदान देने का प्रयास करना था। 1961 वर्ष की जनसंख्या जनगणना के अनुसार, उस वर्ष के दौरान आर्थिक रूप से सक्रिय जनसंख्या का आकार लगभग 1.2 मिलियन था और जो आर्थिक रूप से सक्रिय जनसंख्या भी थी, कार्यकर्ता की तलाश कर रही थी। 1996 तक श्रम बल 3.1 मिलियन हो गया था (विलियंग। सी एंड विंग। एस, 1997)।

996 वर्ष में, एचके अर्थव्यवस्था अपेक्षाकृत अकुशल लेकिन मेहनती श्रम की एक बड़ी आपूर्ति से भरी औद्योगिकीकरण प्रक्रिया थी, उनमें से कई चीन से शरणार्थी थे, विनिर्माण का प्रभुत्व बड़े पैमाने पर वाणिज्य और सेवा क्षेत्र से विस्थापित हो गया है और अकुशल श्रम की मांग गिर रही है। हांगकांग में कुशल और शिक्षित श्रमिकों की मांग के सापेक्ष। 1961 की जनसंख्या जनगणना के अनुसार, उस वर्ष के दौरान आर्थिक रूप से सक्रिय जनसंख्या का आकार लगभग 1.2 मिलियन था और जो आर्थिक रूप से सक्रिय जनसंख्या या सक्रिय मांग

करने वाला कार्यकर्ता भी था। 1996 तक श्रम बल 3.1 मिलियन हो गया था (विलियम। सी एंड विंग। एस, 1997)। विलियम। सी एंड विंग। एस (1997) ने यह भी संकेत दिया कि एचके जनगणना और सांख्यिकी विभाग (विभिन्न वर्षों) ने 1961 वर्ष से 1996 वर्ष तक विशिष्ट श्रम भागीदारी दर और हांगकांग बल के आकार की सूचना दी। "इस अवधि के दौरान श्रम बल का आकार 1.2 मिलियन से बढ़कर 2.5 मिलियन हो गया। वृद्धि की वार्षिक दर 3.7% थी। इसका मतलब है कि श्रम आपूर्ति इतनी तेजी से बढ़ी, इसलिए श्रम गहन उद्योग विकसित हुए। हालांकि, हांगकांग की आबादी में वृद्धि हुई थी 2015 वर्ष तक 7 मिलियन।" इसलिए श्रम बल का आकार अधिक बढ़ गया था और इसका मतलब था कि श्रमिक नियोक्ता की मांग से अधिक आपूर्ति करेंगे। लेकिन, एचके नियोक्ता नौकरी की आपूर्ति संख्या एचके रोजगार बाजार में एचके श्रम मांग संख्या से कम हो। ऐसा लगता है कि अगर एचके नियोक्ता उत्पादकता बढ़ाने के लिए अतिरिक्त मजदूरों को नियुक्त करने के लिए अधिक वेतन खर्च करना पसंद नहीं करते हैं, तो इससे कई युवा एकल या विवाहित लोग बेरोजगार हो जाएंगे।

किसी भी देश की आर्थिक वृद्धि की गणना आमतौर पर वास्तविक रूप में की जाती है। यानी उत्पादित उत्पादों की कीमत पर मुद्रास्फीति के प्रभाव को खत्म करने के लिए मुद्रास्फीति समायोजित शर्तों रोजगार के अवसरों में वृद्धि और श्रम उत्पादकता में वृद्धि के परिणामस्वरूप आर्थिक विकास में गरीबी को कम करने की अप्रत्यक्ष क्षमता हो। हालांकि, रोजगार गरीबी से बचने की कोई गारंटी नहीं हो। अंतर्राष्ट्रीय श्रम संगठन का अनुमान है कि कम से कम 40% श्रमिक गरीब हैं, उनके पास इतनी कमाई नहीं है कि परिवारों को प्रतिदिन $ 2 से ऊपर गरीबी रेखा से ऊपर रखा जा सको। उदाहरण के लिए, भारत में, गरीब औपचारिक रोजगार में वेतन पाने वाले हैं क्योंकि नौकरियां असुरक्षित और कम वेतन वाली हैं और जोखिम से बचने के लिए धन संचय करने का कोई मौका नहीं देती हैं, अन्य देशों को कम कुशल काम की तुलना में अधिक उत्पादकता में सुधार पर ध्यान केंद्रित करने से बड़ा लाभ मिला। इस

प्रकार, उत्पादकता में वृद्धि के बिना रोजगार में वृद्धि से कामकाजी गरीबों की संख्या में वृद्धि होती है और ये देश श्रम बाजार नीतियों में गुणवत्ता के निर्माण को लागू नहीं करते हैं न कि मात्रा को। उदाहरण के लिए, वियतनाम में, उत्पादकता वृद्धि जारी रहने पर रोजगार वृद्धि धीमी हो गई है। इसके अलावा, उत्पादकता में वृद्धि हमेशा मजदूरी में वृद्धि नहीं करती है, उदा। संयुक्त राज्य अमेरिका, उत्पादकता और मजदूरी के बीच का अंतर 1980 वर्ष से बढ़ रहा था। ओवरसीज डेवलपमेंट इंस्टिट्यूट के अध्ययन से पता चला है कि अन्य क्षेत्र भी उतने ही महत्वपूर्ण हैं जितने कि बेरोजगारी को कम करने में विनिर्माण।

आजकल, हांगकांग में उत्पादकता वृद्धि को रोजगार वृद्धि में बदलने के रूप में सेवा क्षेत्र सबसे प्रभावी है। एच.के. सरकार के पूर्वानुमान (2012) ने संकेत दिया कि "HK की अर्थव्यवस्था धीमी हो गई है, 2012 वर्ष की छमाही में 0.9% वर्ष-दर-वर्ष बढ़ रही है, 2011 वर्ष में 5% की वृद्धि के बाद। 2012 वर्ष के लिए, अर्थव्यवस्था के बढ़ने का अनुमान है 1-2%। उपभोक्ता कीमतों में 2011 वर्ष में 5.3% और 2012 वर्ष की पहली छमाही में वर्ष-दर-वर्ष 4.7% की वृद्धि हुई। अप्रैल-जून 2012 वर्ष के लिए बेरोजगारी दर 3.2% थी, जबकि 2011 वर्ष के लिए 3.4% थी।" हालांकि, ऐसा लग रहा था कि अप्रैल से जून 2012 तक बेरोजगारी दर 0.2% घट गई, लेकिन इसकी बेरोजगारी अभी भी मौजूद थी। इसके अलावा, 2012 की पहली छमाही में एचके की अर्थव्यवस्था में साल-दर-साल केवल 0.9% की वृद्धि हुई है और एचके सरकार ने 2012 के लिए 1-2% की दर से बढ़ने का अनुमान लगाया है। 2006 वर्ष में संयुक्त राज्य सरकार के आंकड़ों के अनुसार, औसत आदमी कार्यरत पूर्णकालिक 8.4 घंटे बीमारी या छुट्टी के लिए भुगतान किए गए समय की न्यूनतम राशि अनिवार्य है। हालांकि, नियमित पूर्णकालिक कर्मचारियों को अक्सर विभिन्न छुट्टियों के लिए लगभग नौ दिन की छुट्टी लेने का अवसर मिलता है। हालांकि, कौशल अवकाश के नियमित पूर्णकालिक कर्मचारी और दो सप्ताह (10 कार्यदिवस) के भुगतान वाले अवकाश के समय के साथ कुछ श्रमिकों को कई वर्षों के बाद अतिरिक्त समय मिलता है। कुछ

कर्मचारियों के साथ कई वर्षों के बाद अतिरिक्त समय मलिन के कारण काम के दबाव के कारण। ऐसा लगता है कि संयुक्त राज्य अमेरिका के विकसित देशों में कुछ श्रमिक अभी भी काम के दबाव को कम काम के घंटे महसूस करते हैं, काम के दबाव को कम कर सकते हैं। वास्तव में, एचके के कई पेशेवर कर्मचारी प्रति सप्ताह चालीस घंटे के मानक से अधिक समय लगाते हैं। चालीस घंटे का कार्य सप्ताह अपर्याप्त माना जाता है और इसके परिणामस्वरूप नौकरी छूट सकती है या पदोन्नति में विफलता हो सकती है। हालांकि, ये नियोक्ता ज्यादा वेतन नहीं खर्च करते हैं।

किसके कार्यभार को साझा करने के लिए अतिरिक्त पेशेवर श्रमिकों को नियोजित करने के लिए व्यय और कम समय में किसके ग्राहकों की कुशलता से सेवा करने के लिए प्रदर्शन कर सकते हैं। लेकिन लंबे समय में, यह संभव है कि हर दिन कई ग्राहकों की सेवा करने की आवश्यकता के कारण संभवतः दबाव में कौन काम करेगा, और जिसका कामकाजी प्रदर्शन अक्षम रूप से खराब हो जाएगा। अब तक, एचके के पास अधिकतम और सामान्य कामकाजी घंटों के संबंध में कोई कानून नहीं है। एचके में पूर्णकालिक कर्मचारियों का औसत साप्ताहिक कार्य समय 49 घंटे है। यूबीएस द्वारा आयोजित मूल्य और आय रिपोर्ट (2012) के अनुसार, जब वैश्विक और क्षेत्रीय औसत क्रमशः 1,915 और 2,154 घंटे प्रति वर्ष थे, एचके में औसत काम के घंटे प्रति वर्ष 2,296 घंटे हैं, जो कि पांचवां सबसे लंबा वार्षिक कामकाजी घंटे है। 72 देशों का अध्ययन किया जा रहा है। इसके अलावा, सर्वेक्षण एचके विश्वविद्यालय के जनमत अध्ययन समूह द्वारा किया जाता है, यह दर्शाता है कि 79% उत्तरदाताओं ने सहमति व्यक्त की है कि एचके में ओवरटाइम काम की समस्या "सेवा" है और उत्तरदाताओं के 65% सहमत हैं कि कानून अधिकतम काम के घंटे। एचके में, सर्वेक्षण में शामिल 70% लोगों को कोई ओवरटाइम पारिश्रमिक नहीं मिलता है। ये दिखाते हैं कि एचके में लोग काम के समय के मुद्दों से संबंधित हैं। एक निश्चित प्रकार के श्रम के लिए संतुलन मूल्य मजदूरी दर है। श्रम बाजार का मॉडल, यहां तक कि इसकी सभी धारणाओं को देखते हुए तार्किक रूप से है। आपूर्ति और

मांग के मॉडल के आवेदन की आलोचना विशिष रूप से उत्पादन के कारक के लिए सभी बाजारों के लिए सामान्यीकृत होती है, उदा। श्रम के काम के घंटे। मुझे लगता है कि एचके नियोक्ता वर्तमान श्रमिकों को सेवा या उत्पादकता बढ़ाने में सहायता करने के लिए कई मजदूरों को नियुक्त करना पसंद नहीं करते हैं, जब उनके ग्राहक संख्या में वृद्धि हुई है। यह संभव है कि जिन्हें लगता है कि वेतन व्यय उनके उचित बजट से अधिक नहीं हो सकता है। इसलिए, जिन्हें बहुत अधिक काम करने के लिए लंबे समय तक काम करने के लिए वर्तमान श्रमिकों की आवश्यकता होती है, यहां तक कि एचके श्रम आपूर्ति भी बढ़ रही है और इससे कई लोगों की नौकरी चली जाएगी। ऐसा लगता है कि एचके सेवा उद्योग अपने आर्थिक विकास को प्रभावित कर सकता है। यदि उन सेवा उद्योग के मजदूरों को लंबे समय तक काम करने की आवश्यकता है, तो कौन अस्वस्थ रूप से काम करने के लिए मानसिक दबाव महसूस करेगा और जिन्हें पर्याप्त नींद की आवश्यकता होगी। यदि लंबे समय तक हर दिन काम का सामना करने के लिए पर्याप्त नींद नहीं हो सकती है, जिसका कामकाजी प्रदर्शन खराब होगा या जिनके ग्राहकों को संभवत: लंबे समय तक उत्पादकता कम हो जाएगी। मेरा मानना है कि एचके सेवा उद्योग के मजदूर प्रति सप्ताह लंबे समय तक काम करते हैं जिससे यह प्रभावित होगा कि किसकी सेवा का प्रदर्शन खराब होगा। वास्तव में, अधिकांश विकसित देशों के श्रमिकों के काम के घंटे एच.के. से कम गंभीरता से हैं। उदाहरण के लिए, संयुक्त राज्य अमेरिका के पारंपरिक अमेरिकी व्यावसायिक घंटे सुबह 9:00 बजे से शाम 5:00 बजे तक शुरू होते हैं। सोमवार से शुक्रवार, कुल मिलाकर 40 घंटे की रचना करते हुए प्रति कार्य दिवस पांच से आठ घंटे के कार्य सप्ताह का प्रतिनिधित्व करते हैं। ब्रेकों के कारण काम पर वास्तविक समय अक्सर 35 से 48 घंटों के बीच भिन्न होता है। कई पारंपरिक सफेदपोश पदों में, कर्मचारियों को बॉस से आदेश लेने के लिए इन घंटों के दौरान कार्यालय में होना आवश्यक था, कार्यस्थल के घंटे अधिक लचीले हो गए हैं। एक अन्य उदाहरण, दक्षिण कोरिया में काम करने का समय सबसे तेजी से घट रहा है, जो अवकाश बढ़ाने के लिए सभी स्तरों पर काम के घंटों को कम करने

के लिए सक्रिय और संयुक्त राज्य अमेरिका के 10 दिनों की तुलना में और इंग्लैंड के 8 दिनों के दोगुने का परिणाम है। इसके अलावा, काम के घंटे और सप्ताह में 40 घंटे (निर्दिष्ट कार्यस्थलों में 44 घंटे)। ओवरटाइम सीमाएं हैं: सप्ताह में 15 घंटे, भत्ता 125% से कम नहीं होना चाहिए और सामान्य घंटे की दर से 150% से अधिक नहीं होना चाहिए। हालांकि, हांगकांग डिश क्लीनर, बैंक कैशियर व्यवसाय जिनकी समय के साथ अक्सर काम करने की आवश्यकता होती है, ग्राहकों की संख्या के कारण हर दिन बढ़ रहे हैं और उनके नियोक्ता अपने काम के बोझ को साझा करने के लिए अतिरिक्त श्रमिकों को नियुक्त करने की योजना नहीं बनाते हैं। इसलिए, ऐसा लगता है कि जिनके समय के साथ काम एचके में हर हफ्ते असामान्य लंबे समय तक काम करने के घंटे के समान है।

मडिसिन ए. (2001) ने संकेत दिया कि "बेरोजगारी दर अर्थव्यवस्था का एक प्रदर्शन संकेतक है।" आर्थिक गतिविधि का उद्देश्य उत्पादक संसाधनों को उत्पादों और सेवाओं में बदलना है। एक अर्थव्यवस्था जो अपने सभी या अधिकांश श्रम बल का उपयोग करती है, उसे स्पष्ट रूप से एक बेहतर प्रदर्शन करने वाली अर्थव्यवस्था के रूप में माना जाना चाहिए, जिसमें अपनी सभी या अधिकांश श्रम शक्ति को काम में लगाने की क्षमता का अभाव है और इस प्रकार कुछ श्रम उत्पादक संसाधनों का उपयोग नहीं किया जा सकता है। वास्तव में, अर्थव्यवस्था सिद्धांत में, श्रम की मांग को एक व्युत्पन्न मांग माना जाता है, जिसका अर्थ है कि इसकी मांग को स्वयं से नहीं, बल्कि उन उत्पादों और सेवाओं की मांग के अस्तित्व से समझाया जाता है जो श्रम को कारक उत्पादन के रूप में उपयोग करते हैं। यदि श्रम मांग एक वांछित मांग है, तो अर्थव्यवस्था के प्रदर्शन का आकलन निश्चित रूप से इस मूल्यांकन से लाभान्वित हो सकता है कि एक विशिष्ट सामाजिक व्यवस्था प्रबंधक श्रम इनपुट को उत्पादों और सेवाओं में बदलने के लिए कितनी अच्छी तरह से लाभान्वित हो सकते हैं। आर्थिक प्रणाली के आर्थिक प्रदर्शन और श्रम बाजार के प्रदर्शन के बीच अंतर करना सुविधाजनक है। पूर्व उत्पादों और सेवाओं को वितरित करने के लिए एक सामाजिक प्रणाली की क्षमता से संबंधित

है और बाद में महत्वपूर्ण, लेकिन अधिक विशिष्ट मुद्दे से संबंधति है कि श्रम बाजार प्रबंधक आपूर्ति और मांग से कितनी अच्छी तरह मेल खाते हों एचके (2012) पर आर्थिक और व्यापार सूचना श्रम बाजार के प्रमुख संकेतकों ने 15 देशों के सांख्यिकीय विश्लेषण का नमूना सरल औसत समाप्त कर दिया था, यह दिखाने के लिए "परिणाम यह था कि प्रति पूंजी जीडीपी को समझाने में काम के घंटों की भूमिका के लिए जीडीपी और कामकाजी के बीच नकारात्मक संबंध था। घंटे, जैसे कि लंबे समय तक काम करने के घंटे जहां कम उत्पादकता की भरपाई करते थे। काम करने के समय की ऐतिहासिक गिरावट 1870 वर्ष के प्रति व्यक्ति 3000 वार्षिक घंटे से थोड़ा कम है जो 1990 वर्ष के अंत के 1600 वर्ष से कम हो सकता है इस परिकल्पना की पुष्टि के रूप में लिया गया।" इस प्रकार, इस परिकल्पना को दृष्टिकोण द्वारा समर्थिति किया जा सकता है। यह एचके के बारे में था कि लंबे समय तक काम के घंटे एचके जीडीपी में वृद्धि नहीं करनी चाहिए और लंबे समय तक काम करने के घंटे जहां लंबे समय में एचके नियोक्ताओं को कम उत्पादकता की भरपाई करते थे।

CHAPTER TWO

सामान्य के बीच अंतर क्या है काम के घंटे और असामान्य काम के घंटे

इन शोधों के उत्तर देने के लिए कुछ प्रश्न होंगे:

1. क्या हांगकांग यह व्यक्तिगत श्रम असामान्य लंबे समय तक काम के घंटे कारक लंबे समय में हर श्रमिक को कल्याणकारी लाभ देता है?

2. क्या हांगकांग यह असामान्य श्रम कार्य घंटे कारक लंबे समय में एचके समाज की पूरी अर्थव्यवस्था को बढ़ा सकता है?

ऐसा लगता है कि एचके नियोक्ता मौजूदा कर्मचारियों के काम के बोझ को साझा करने के लिए अतिरिक्त श्रमिकों को नियुक्त करना पसंद नहीं करते हैं, यहां तक कि मजदूरों की आपूर्ति भी पर्याप्त हो जिसकी वजह से प्रत्येक कर्मचारी के वेतन को अतिरिक्त भुगतान नहीं करना चाहता जिसकी उत्पादकता बढ़ाने के लिए। लंबे समय में एक बेहतर मॉडल में एचके उद्यमों के विकास को प्रभावित करने के लिए श्रमिकों के असामान्य लंबे समय तक काम के घंटे कारक और अन्य संसाधन इनपुट कारक के बीच संबंधों की व्याख्या करना। मैं एक मॉडल विकसित करूँगा जो अन्वेषण करने के लिए दो चरों का चयन हो इन चरों का एक कारण और प्रभाव संबंध हो मुझे लगता है कि एचके नियोक्ताओं का मानना है कि श्रमिक असामान्य रूप से लंबे समय तक काम करते हैं जो उनकी उत्पादकता को कुशलता से बढ़ा सकते हैं और जो लंबे समय में एचके समाज के समग्र

आर्थिकि विकास में सहायता कर सकते हौ इन चरों का एक कारण और प्रभाव संबंध हौ इस चर्चा से एचके समाज की जांच करने के लिए समग्र आर्थिकि विकास प्रभाव कंपनियों के परविर्तनशील कारकों के कारण होता हौ परविर्तनीय कारकों में असामान्य लंबे समय तक काम करने के घंटे कारक या बढती पूंजी और मशीनरी और उपकरण और निर्माण संपत्ति कारक या उत्पादन कारक के लिए प्राकृतिक संसाधन बढाना या उत्पादक उद्यम कारक में सफलता या विफलता क्षमता का जोखिम उठाना शामिल हौ इस प्रकार, चर के इन अलग-अलग सेटों को इडेंटिफिाई किया गया है और प्रत्येक सेट को एक मॉडल के लिए चुना जा सकता हौ वास्तव में, हांगकांग समाज समग्र आर्थिकि विकास विवाद कई होते हैं क्योंकि विभिन्न प्रकार के संसाधन इनपुट कारकों को एक प्रभाव कारण का विश्लिषेण करने के लिए माना जा सकता है कि किस प्रकार के संसाधन इनपुट कारक जो एचके समाज की अर्थव्यवस्था के विकास का कारण बन सकते हैं, तेज या धीमा हौ मेरे विचार में, मेरे खोज के कारण एचके में धीमी गति से बढती अर्थव्यवस्था के लिए हौ कुछ अर्थशास्त्री समाज में धन की आपूर्ति और विकास के बीच संबंधों पर ध्यान केंद्रित करते हैं, कुछ समाज के खर्च में वृद्धि और कुछ मूल्य स्तर पर। वास्तव में, एचके आर्थिकि विकास लंबे समय में धीमा हौ मैं रिश्ते पर ध्यान दूंगा एच कंपनियों के श्रमिकों के बीच असामान्य लंबे समय तक काम करने के घंटे कारक और अन्य संसाधन इनपुट कारक दोनों एचके समाज को समग्र आर्थिकि विकास को प्रभावति करने के लिए। इसलिए, मैं मानता हूं कि एचके कंपनियों और एक मॉडल के भीतर संसाधन इनपुट चर के बीच संबंधों की खोज करते समय शर्तों को सही माना जाता हौ उदाहरण के लिए, एचके आर्थिकि विकास धीमा या तेज है और श्रम संसाधनों की आपूर्ति संख्या में कमी नहीं हौ लेकिन एचके नियोक्ता सामान्य रूप से अपने सीमित संख्या में श्रमिकों को नियोजित करते हैं जिसस वर्तमान श्रमिकों को ओवरटाइम काम करने की आवश्यकता होती है या असामान्य रूप से लंबे समय तक काम करने की आवश्यकता होती हौ श्रम भागीदारी निर्णय के पीछे के कारकों को समझना हांगकांग समाज में श्रम आपूर्ति में लंबे समय से परविर्तन को

समझने का एक महत्वपूर्ण घटक है।

मेरे एक अन्य दृष्टिकोण में, एचके श्रम आपूर्ति पर चर्चा करते हुए, आपूर्ति अर्थव्यवस्था के बीच अंतर करना महत्वपूर्ण है। हांगकांग श्रम की आपूर्ति विशिष्ट फर्म को, एक उद्योग मजदूरी या वेतन के लिए अत्यधिक उत्तरदायी हो सकता है क्योंकि श्रमिक एचके में सबसे अधिक लाभदायक रोजगार चाहते हैं। एच.के. समाज अर्थव्यवस्था को मजदूरों की आपूर्ति। दूसरी ओर, यह आम तौर पर उन श्रमिकों के लिए कम लोचदार होता है जो अक्सर नई नौकरियां बदलते हैं क्योंकि अधिकांश एचके नियोक्ता जिन्हें श्रमिकों की आवश्यकता होती है, जो अधिकांश एचके मजदूरों के कारण काम करने के लिए लंबे समय तक काम करते हैं, उनके पास नई नौकरियों को बदलने का अधिक मौका नहीं हो सकता है जो सामान्य प्रदान कर सकते हैं। काम करने के घंटे। इसलिए, ऐसा लगता है कि कौन अक्सर नई नौकरियों को बदलना नहीं चाहेगा क्योंकि कई एचके नियोक्ता जिन्हें एचके मजदूरों की जरूरत है, आजकल असामान्य काम के घंटे काम करते हैं। सार्वजनिक उपयोगिता क्षेत्र की बड़ी कंपनियों के एचके कर्मचारी और एचके सरकार दोनों संगठन जो आम तौर पर अधिक लाभ का आनंद लेते हैं और हांगकांग समाज में छोटी फर्मों के नियोक्ताओं की तुलना में अधिक नौकरी की सुरक्षा रखते हैं। इससे छोटी एचके निजी कंपनियों और सार्वजनिक एचके सरकार और सार्वजनिक उपयोगिता क्षेत्र के बीच अंतर पैदा हो गया है। वास्तव में, आजकल अधिकांश एचके नौकरियों में विनिर्माण कार्य प्रकृति से सेवा कार्य प्रकृति में परिवर्तन होते हैं। हालांकि, विनियमन, डाउनसाइजिंग और दबाव कारकों ने कई एचके बड़ी कंपनियों को काम के घंटे को सामान्य 7 से 8 घंटे प्रति कार्य दिवस से असामान्य 9 से 12 घंटे या उससे अधिक प्रति कार्य दिवस में बदलने का कारण बना दिया है। विशिष्ट रूप से, सेवा क्षेत्र की नौकरी प्रकृति के व्यवसायों में शामिल हैं: रेस्तरां वेटर, बैंकिंग काउंटर सर्विसिर्स, पेशेवर वकील, शेयर एजेंट, सुरक्षा अधिकारी, एकाउंटेंट आदि। विभिन्न सेवा क्षेत्र के व्यवसाय श्रमिक। परिणाम उन मजदूरों का कारण होगा जो छोड़ने का विकल्प चुनते हैं जिनके नियोक्ता

यदि अपने वर्तमान नियोक्ताओं के लिए असामान्य काम के घंटे काम करने के लिए स्वीकार नहीं कर सकते हैं यहां तक कि, यह उन मौजूदा श्रमिकों को भी पैदा करेगा जो घबराहट और थका हुआ महसूस करते हैं और हर रोज दबाव में काम करने की चिंता करते हैं, जिन्हें अक्सर काम करने के लिए कई अतिरिक्त घंटे बढ़ाने की आवश्यकता होती है और जो अक्सर अपने परिवार या दोस्तों के साथ अपना निजी मनोरंजन समय खो देंगे, यहां तक कि जिन लोगों को नींद नहीं आती है, उनके लिए यह अस्वस्थ रहेगा। हालांकि, एच.के. व्यापार चक्र 1950 वर्ष से शुरुआत में मैक्रोइकॉनॉमिक वातावरण के निर्माण में अल्पकालिक अर्थव्यवस्था थी। तब, एच.के. अर्थव्यवस्था का विकास विकसित हुआ था, इतने सारे श्रम संख्या की मांग को आजकल तक गंभीरता से बढ़ने के कारण किया गया था। एच.के. सरकार के सांख्यिकी विभाग (2012) के हांगकांग पर आर्थिक और व्यापार की जानकारी ने बताया कि "एच.के. की अर्थव्यवस्था 2012 वर्ष के लिए 1-2% की दर से बढ़ने का अनुमान लगाया गया था और इसकी अर्थव्यवस्था 2012 वर्ष की छमाही में 0.9% प्रति वर्ष की दर से धीमी गति से बढ़ रही थी। 2011 वर्ष में 5% की वृद्धि के बाद।" हालांकि, यह निहित है कि एचके श्रम बाजार में पर्याप्त श्रम संख्या की आपूर्ति थी। अन्यथा, कई एचके नियोक्ता वर्तमान श्रमिकों के कार्यभार को साझा करने के लिए कई श्रम संख्या को नियोजित करना पसंद नहीं करते हैं यह संभव है कि जिसके कारण एच.के. के वर्तमान श्रमिकों को एच.के. के वर्तमान श्रम बाजार में अतिरिक्त श्रमिकों को नियोजित करने के लिए अतिरिक्त वेतन या मजदूरी व्यय को बचाने के लिए प्रति कार्य दिवस अपनी उत्पादकता बढ़ाने के लिए असामान्य काम के घंटे खर्च करने की आवश्यकता है। मुझे लगता है कि एचके अर्थव्यवस्था की वृद्धि धीमी या खराब है क्योंकि मुख्य कारण एचके सरकार एचके नियोक्ताओं को उनके वर्तमान एचके मजदूरों को प्रशिक्षण देने के लिए मानव पूंजी प्रदान करने के लिए खर्च नहीं करती है ताकि उनकी सेवा के प्रदर्शन में सुधार हो सको केवल लंबे समय में एच.के. सेवा व्यवसाय क्षेत्र में कुशल उत्पादकता। अंत

में, परिणामों की खोज की गई और इन साक्ष्यों द्वारा समर्थित किया जाएगा 2.1 क्या कर्मचारी के जीवन की गुणवत्ता या असामान्य काम के घंटे जो उत्पादकता और आर्थिक वृद्धि की अधिक संभावना है लंबी अवधि में वृद्धि

मेरा निबंध वास्तव में गुणात्मक और मात्रात्मक शोध होगा, यह प्रायोगिक तथ्य और साक्ष्य पर आधारित है। लंबे समय तक शोध करने के लिए रोजगार प्रभाव संबंध श्रम असामान्य लंबे समय तक काम के घंटे कारक और उत्पादक मॉडल कारक दोनों में एचके आर्थिक विकास के प्रभाव के बीच है। इस अध्ययन से पता चलता है कि आर्थिक विकास के प्रभावों और एचके मजदूरों के बीच संबंधों की समझ असामान्य काम के घंटों को बढ़ाने की जरूरत है। वास्तव में, एचके श्रम बल की भागीदारी दर हर साल गिर जाएगी। एचके में आर्थिक विकास उन चरणों के माध्यम से हुआ जो श्रम बल भागीदारी दर और एचके समाज सेवा और विनिर्माण क्षेत्रों के सापेक्ष आकार में परिवर्तन के माध्यम से विकास को प्रभावित करते हैं। वास्तव में, एचके कृषि उद्योग क्षेत्र अस्तित्व में नहीं है और विनिर्माण उद्योग क्षेत्र की संख्या घट रही है और यह सेवा उद्योग क्षेत्र में प्रवेश करना शुरू कर देता है। नौकरियों के निम्न ज्ञान स्तर में सुरक्षा, बैंकिंग, रेस्तरां, सफाई, परिवहन आदि शामिल है। नौकरियों की सेवा प्रकृति के साथ-साथ नौकरियों के उच्च ज्ञान स्तर में वकील, लेखाकार, चिकित्सा, डॉक्टर, कंप्यूटर तकनीशियन आदि शामिल है। नौकरियों की पेशेवर सेवा प्रकृति दोनों आजकल एचके समाज को सेवा प्रदान कर रहे हैं। निवेश सिद्धांत इंगित करता है कि शिक्षा किसी भी कंपनी को प्रदान करने के लिए निवेश मानव पूंजी के रूप में है। मुख्य अंतर यह है कि मानव पूंजी मानव में समाहित है और इसे फिर से बेचा नहीं जा सकता है। जब भौतिक पूंजी को उछाल की अवधि में लगभग किसी भी वांछित राशि पर प्राप्त किया जा सकता है और द्वितीयक बाजारों में मंदी के दौरान पुनर्विक्रय किया जा सकता है, तो मानव पूंजी ज्यादातर फर्मों द्वारा व्यक्तिगत व्यवहार की शुरुआत में हासिल की जा सकती है। मैं अनुशंसा करता हूं कि एचके कंपनियों को उन

मजदूरों को नयिंत्रति करने के लिए इन तरीकों का चयन करना चाहिए जनिके काम के घंटे कुशलतापूर्वक हों यासहुरि (2014) ने दखिाया कि "आय और सेवा की अवधि के आधार पर वेतन अंतर एक ऐसी प्रक्रयिा को संदर्भति करता है जसिके द्वारा श्रमकि दैनकि कार्य और कभी-कभी नौकरी प्रशक्षिण के माध्यम से कौशल प्राप्त करते हों वे इसे "प्रशक्षिण" के रूप में देखते हैं या नहीं, यह अप्रासंगकि हो प्रशक्षिण में एक प्रशक्षिक से कसिी भी प्रतक्रियिा के बनिा कार्यकर्ता द्वारा स्वतंत्र रूप से आयोजति अनौपचारकि शक्षिा भी शामलि हो वैचारकि रूप से, अर्जति कौशल को सामान्य कौशल में वभिाजति कयिा जाता है जसिका उपयोग कंपनी में वर्तमान में कार्यकर्ता को नयिोजति करने में कयिा जा सकता हो बाद के वशिष्टि प्रशक्षिण को प्राप्त करने की प्रक्रयिा। " आम तौर पर, जब कंपनयिां कर्मयिों की लागत को कम करती हैं, तो श्रमकिों के बीच उत्पादकता के रूप में संदर्भति सीमांत उत्पादकता का अनुपात मजदूरी अनुपात के बराबर होता हो इसलिए, वेतन समारोह में उम्र का गुणांक सामान्य प्रशक्षिण के कारण उत्पादकता में वृद्धि की दर और सेवा की लंबाई के गुणांक और वशिष प्रशक्षिण कारण के कारण मजदूरी की दर में वृद्धि को व्यक्त करता हो दोनों गुणांकों का योग वर्तमान कंपनयिों में उत्पादकता वृद्धि की दर को व्यक्त करेगा क्योंकि प्रशक्षिण एक महत्वपूर्ण कारण कारक के रूप में हो अंत में, मेरे दृष्टकिोण में, एचके नयियोक्ताओं को लंबे समय में उत्पादकता में उनकी दक्षता बढ़ाने के उद्देश्य से वर्तमान श्रमकिों को नौकरी प्रशक्षिण प्रदान करने की आवश्यकता हो क्योंकि जब उनके मजदूरों को यह सीखने के लिए प्रशक्षिति कयिा गया था कि वे अपने काम के कर्तव्यों को आसानी से पूरा करने के लिए वशिष कौशल का उपयोग कैसे करें, तो उन्हें प्रतकिार्य दविस पर अपनी नौकरी के कर्तब्यों को पूरा करने के लिए ज्यादा समय (अतरिक्ति काम के घंटे) खर्च करने की आवश्यकता नहीं होगी। एक तरफ, एचके नयियोक्ताओं को यह तुलना करने के लिए मापने की जरूरत है कि कसिके कर्मचारयिों के लिए मानक कामकाजी घंटों के पक्ष में क्या लाभ हो लाभों में शामलि हैं, जैसे कार्य जीवन संतुलन

को बढ़ावा देना और पारिवारिक जीवन का आनंद लेना, अवकाश और आराम के लिए समय बढ़ाना, स्वास्थ्य के लिए फायदेमंद और कर्मचारियों के पास आगे की पढ़ाई के लिए अधिक समय हो सकता है और साथ ही नियोक्ताओं को लंबे समय तक काम करने के लिए उच्च वेतन का भुगतान करने की आवश्यकता नहीं है। कर्मचारियों या ओवरटाइम वेतन वृद्धि आय के रूप में अधिकांश एचके कंपनियां केवल कुछ कर्मचारियों को ही डेढ़ का भुगतान करती हैं। दूसरी ओर, एचके नियोक्ताओं को यह तुलना करने के लिए मापने की आवश्यकता है कि नियोक्ताओं को मानक कामकाजी घंटों के मुकाबले क्या लाभ हैं, जैसे कि कई अंशकालिक काम के घंटों के कर्मचारियों को नियोजित करना, सामान्य कामकाजी घंटों की सहायता के लिए पूर्णकालिक कर्मचारियों की आवश्यकता के बजाय पूर्णकालिक कर्मचारियों को रोजाना असामान्य घंटे काम करना, वर्ष और बोनस आदि को कम करना या रद्द करना आदि। इसके अलावा, एचके नियोक्ता व्यवसाय चलाने की बढ़ी हुई लागत को ऑफसेट करने के लिए विभिन्न उपायों का उपयोग कर सकते हैं, जैसे औसत प्रति घंटा वार्षिक मुआवजा कम करना। हालांकि, जब एचके कर्मचारियों को अंशकालिक नौकरी करने के लिए मजबूर किया जाता है, तो उन्हें अपने जीवन स्तर को बनाए रखने के लिए अतिरिक्त रोजगार प्राप्त करने की आवश्यकता हो सकती है। यहां तक कि, एचके नियोक्ता केवल कुछ स्थितियों में कर्मचारियों को ओवरटाइम काम करने के लिए मजबूर करते हैं। प्रदर्शन किए गए कार्य के प्रकार के आधार पर विभिन्न उद्योगों में उपयुक्त मानक कार्य घंटे भिन्न हो सकते हैं। जैसे कुछ एचके कुछ पेशेवर पदों को उपयुक्त कार्य घंटों के संदर्भ में परिभाषित करना मुश्किल है। नियोक्ता के साथ समस्याएं उत्पन्न हो सकती हैं, ताकि लागत कम रखने के लिए कर्मचारियों से अतिरिक्त घंटे "ऑफ द क्लॉक" काम करने की अपेक्षा की जा सके। इस प्रकार, मेरा मानना है कि एचके मजदूरों को असामान्य काम के घंटे के समय के मुद्दे को कम किया जाना चाहिए और एचके नियोक्ताओं को उत्पादकता और दक्षता बढ़ाने में मदद करने के लिए वर्तमान मजदूरों के कार्यभार को साझा करने के लिए अतिरिक्त श्रमिकों की सहायता

लेनी चाहिए और एचके अर्थव्यवस्था लंबे समय में तेजी से बढ़ेगी। अंत में, मेरे शोध का उद्देश्य यह पता लगाना है कि काम किए गए घंटों की संख्या एचके में रोजगार की तुलना में श्रम बाजार की स्थिति का अधिक प्रतिक्रियाशील उपाय है। व्यापक अर्थव्यवस्था के संकेतकों के लिए काम किए गए घंटों की संख्या की तुलना से पता चलता है कि यह एचके फर्मों (नियोक्ताओं) से मांग होने की संभावना है जो एचके रोजगार बाजार में व्यक्तिगत नौकरी आवेदक आपूर्ति के बजाय घंटों की संख्या चला रहे हैं। मेरे विश्लेषण से यह भी पता चलता है कि एचके ने अन्य विकसित देशों, जैसे अमेरिका, इंग्लैंड, कनाडा आदि की तुलना करने के लिए लंबे समय तक काम करने की संस्कृति विकसित की है। वास्तव में, एचके फर्मों की उपस्थिति में यह पता लगाने के लिए भी निवेश कर सकते हैं कि कौन से अधिक लाभदायक हैं अपने हर कर्मचारी के काम के घंटों की सामान्य संख्या के बजाय अपने हर कर्मचारी के असामान्य कामकाजी घंटों को रोजाना कम करने में सक्षम।

ग्रन्थसूची

हांगकांग पर आर्थिक और व्यापार सूचना, (14 अगस्त 2012)। 2012 के लिए हांगकांग सरकार का पूर्वानुमान, नम्निन URL से प्राप्त किया गया: http://www.cepa.hktdc.com

मडिसिन ए (2001)। विश्व अर्थव्यवस्था। एक मिलेनियिल पर्सपेक्टिव, ओईसीडी, पेरिस।

यासुहियो, यू (2014)। जापान लेबर रिव्यू vol.11 no.3, उच्च आर्थिक विकास और मानव पूंजी: सतत विकास के लिए शर्तें, कोनन विश्वविद्यालय।

विलियम, सी एंड वर्गि, एस (1997)। हांगकांग आर्थिक सिटी यूनिवर्सिटी द्वारा प्रकाशित नीति अध्ययन श्रृंखला एच.के. प्रेस, हांगकांग के

www.ingramcontent.com/pod-product-compliance
Lightning Source LLC
Chambersburg PA
CBHW030509170726
47990CB00008BA/3124